AF496023

Louis de GRANDMAISON

SCULPTEURS FLAMANDS
AYANT TRAVAILLÉ EN TOURAINE
AU XVIe ET AU XVIIe SIÈCLE

Pierre Minart, Casin d'Utrecht, Cornille de Nesve
A. Charpentier, J. Van Greluwen, J. Quelin, H. Hammerbect

TOURS
PÉRICAT
35, RUE DE LA SCELLERIE
1913

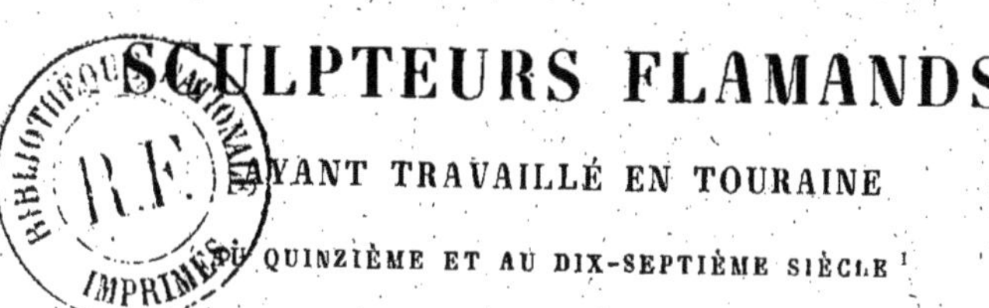

SCULPTEURS FLAMANDS

AYANT TRAVAILLÉ EN TOURAINE

AU QUINZIÈME ET AU DIX-SEPTIÈME SIÈCLE [1]

Les artistes qui font l'objet de cette note se divisent en deux groupes; les uns travaillaient à Amboise à la fin du quinzième siècle, et les autres formaient à Tours, dans la seconde moitié du dix-septième, une petite colonie flamande.

* *
*

Le seul compte de la construction du château d'Amboise actuellement conservé, celui de l'année 1495-1496, révèle la présence, parmi les ouvriers employés par le Roi, de trois sculpteurs [2]; pour deux au moins, leurs noms ne laissent aucun doute sur leur origine.

Celui qui occupe le premier rang, Pierre Minart, est aussi celui qui porte le nom le moins caractéristique [3]. Il est qualifié « maistre ymagier » et exécute des « ymaiges » en pierre pour la chapelle, moyennant la somme de 10 livres tournois par mois, soit 30 livres par trimestre. Cette somme est assez élevée pour l'époque, puisque les maîtres maçons Colin Byart, Guillaume Senault et Louis Amangeart, qui ont la charge et conduite des travaux et sont payés à la journée, ne reçoivent qu'environ 20 livres par trimestre. Le compte mentionne que ce prix de 10 livres par mois avait été fixé

---

[1] On emploie ici le mot *flamand* dans un sens étendu.

[2] Louis DE GRANDMAISON, *Compte de la construction du château royal d'Amboise, 1495-1496* (Paris, H. Champion, 1912).

[3] Peut-être toutefois doit-on reconnaître dans son nom le nom flamand de Minaert? Il sera question plus bas d'un sculpteur d'Angers Rolland Moynard, qui s'appelait en réalité Moenaert.

par un marché avec Minart, « comme appert par les rooles précédans » ; on doit en conclure que Minart travaillait déjà les années antérieures à Amboise.

A côté de Minart, se trouve son collaborateur, Casin Du Trect, selon la forme que le Compte donne à son nom. Casin travaille, avec Minart, à faire des « ymaiges » ; il est payé 7 livres par mois, soit 21 livres par trimestre. Une seule fois, il reçoit le titre de maître imagier ; en général, il n'est désigné que sous la simple qualification d'imagier. Sans aucun doute, le véritable nom de ce sculpteur est Casin d'Utrecht, nom qui indique d'une façon certaine son origine.

Le troisième imagier, Cornille de Neuf, ou mieux de Nesve, paraît bien également porter un nom flamand. Cornille est payé ordinairement à la tâche : pour 10 livres, il exécute en pierre « *ung petit ymaige de Dieu* tenant en sa main un monde et faisant la bénédiction de l'autre », mis sur la porte de la chapelle du donjon du château ; il achève pour la même chapelle, moyennant 70 sous, une statue de *saint Thomas* également en pierre ; il reçoit 72 sous pour douze marmousets à la charpenterie du grand corps de maison, payés 6 sous pièce ; enfin, il exécute des filatières de bois à 6 sous par jour[1].

La présence de ces artistes flamands à Amboise était absolument ignorée jusqu'à ces derniers temps ; elle prouve que les critiques d'art, qui, comme MM. L. Bosschœuf[2] et Paul Vitry[3], ont reconnu, dans les sculptures de la chapelle Saint-Blaise du château d'Amboise, une influence flamande, avaient entièrement raison. Nous croyons, avec M. Vitry, que cette influence s'est étendue, non seulement à la si caractéristique sculpture intérieure de cette chapelle, mais encore au remarquable linteau de la façade, dans lequel il paraît impossible de voir une œuvre de l'École de Michel Colombe[4]. Les arguments donnés par M. Vitry paraissent concluants, et le texte du Compte de 1495-1496 leur

[1] Les maîtres maçons chargés de la conduite des travaux, dont il a été question ci-dessus, ne reçoivent eux-mêmes que 6 sous 3 deniers par jour.

[2] *Amboise, le château, la ville et le canton* (Tours, Péricat, 1897 ; publication de la *Société archéologique de Touraine*), p. 160-161.

[3] *Michel Colombe et la sculpture française de son temps* (Paris, Librairie centrale des Beaux-Arts, 1901), p. 241-242, 245-246 et 255.

[4] Voir la planche ci-contre.

apporte une nouvelle force. M. Vitry hésitait toutefois à admettre que ce haut-relief ait été exécuté par une main flamande, « car, écrivait-il, si le type original est flamand, il nous paraît bien y avoir ici comme une interprétation ; la rondeur même, on pourrait presque dire la bonhomie de l'exécution des figures taillées dans une pierre au grain très fin, semble nous prouver que le sculpteur est un de nos compatriotes, le travail des Flamands étant d'ordinaire un peu plus sec et plus âpre ». Notre Compte, qui ne contient le nom d'aucun sculpteur certainement tourangeau, permet, semble-t-il, sans trop de témérité, d'admettre que ce charmant morceau est l'œuvre d'une main flamande ayant subi l'influence de l'École des bords de la Loire.

Malgré toutes les recherches, il a été malheureusement impossible de trouver aucun renseignement sur les trois artistes, dont il vient d'être question. Espérons que d'autres seront plus heureux et pourront nous apprendre quelque chose, soit sur leurs origines, soit sur leurs autres travaux.

*
* *

Nous sommes mieux renseignés en ce qui concerne quatre artistes, également d'origine flamande, qui ont travaillé et résidé en Touraine au dix-septième siècle : Antoine Charpentier, Joseph Van Gheluwen, Jean Quelin et Henri Hammerbeci.

On sait que les sculpteurs flamands de cette époque, auxquels M. Henri Rousseau a consacré un beau et intéressant livre[1], allèrent en grand nombre travailler à l'étranger et y porter l'art de leur pays. Plusieurs, notamment les Anversois Philippe Buyster, Sébastien Slodtz et Gérard Van Opstal, Martin Van den Bogaert, dit Desjardins, de Bréda, le Gantois Dominique Lefèvre, les frères Balthazar et Gaspard Marsy, sont employés à Versailles. Un Flamand d'Arras, Claude Lestocard, exécute la chaire de l'église Saint-Étienne-du-Mont, à Paris, François Du Quesnoy et Juste De Cort se rendent en Italie ; d'autres encore en Espagne, en Angleterre, en Allemagne et en Suède. On ignorait qu'une petite colonie flamande se fût établie en Touraine.

---

[1] *Collection des grands artistes des Pays-Bas. La sculpture aux dix-septième et dix-huitième siècles* (Bruxelles et Paris, G. Van Oest et Cⁱᵉ, 1911).

I. Antoine Charpentier. — Des quatre sculpteurs qui nous occupent, celui qui eut le rôle le plus important est Antoine Charpentier, Ier du nom [1], « maistre ès arts d'architecture et de sculpture » ; nous serons cependant bref à son sujet, nous bornant à résumer et à compléter l'étude très documentée que lui a consacrée M. l'abbé Louis Bossebœuf dans la *Réunion des Sociétés des Beaux-Arts des départements de 1907*, sous le titre : *Antoine Charpentier, son atelier et ses œuvres.*

L'origine flamande de cet artiste ne paraît pas avoir jamais été soupçonnée, cependant le caractère de ses œuvres actuellement existantes aurait pu peut-être y faire songer. Nous avons été mis sur la voie des documents qui établissent d'une façon certaine cette origine par un passage d'un factum du commencement du dix-huitième siècle affirmant que Charpentier était un architecte flamand [2]. Depuis, nous avons découvert le contrat de mariage de l'artiste, qui nous a permis, grâce à la grande complaisance de notre confrère M. Eugène Déprez, de remonter à l'acte de baptême.

Antoine Charpentier était fils d'Andrieu ou André Carpentier, marchand, et d'Anne Delesaulx ou Delsau ; il fut baptisé le 3 janvier 1615, en l'église du Transloy [3], évêché d'Arras, pays d'Artois [4]. Il épousa à Tours, le 23 juillet 1646, en l'église Saint-Saturnin, Françoise Dubeuf, fille de feu Jean Dubeuf, maître orfèvre de la ville de Loches [5], et d'Anne Thoreau ; le contrat de mariage fut passé le lendemain devant René Lejay, notaire royal à Tours [6]. Cet acte renferme malheureusement peu de renseignements sur la fortune des époux ; ils seront communs en biens du jour de la bénédiction nuptiale ; l'épouse pourra renoncer à la communauté, en reprenant ses propres, son lit garni, ses bagues,

---

[1] C'est à tort qu'on donne souvent à cet artiste les prénoms de Marc-Antoine.

[2] *Premier factum de MM. Saint-Martin*, p. 4 (1708).

[3] Le Transloy, canton de Bapaume, arrondissement d'Arras (Pas-de-Calais).

[4] Pièce justificative n° I.

[5] Chef-lieu d'arrondissement, Indre-et-Loire.

[6] L'acte du mariage religieux a été publié (*Réunion des Sociétés des Beaux-Arts*, année 1907, *loc. cit.*, p. 169), il ne mentionne pas le lieu de naissance de l'époux. On trouvera ci-après le contrat de mariage. Pièce justificative n° II

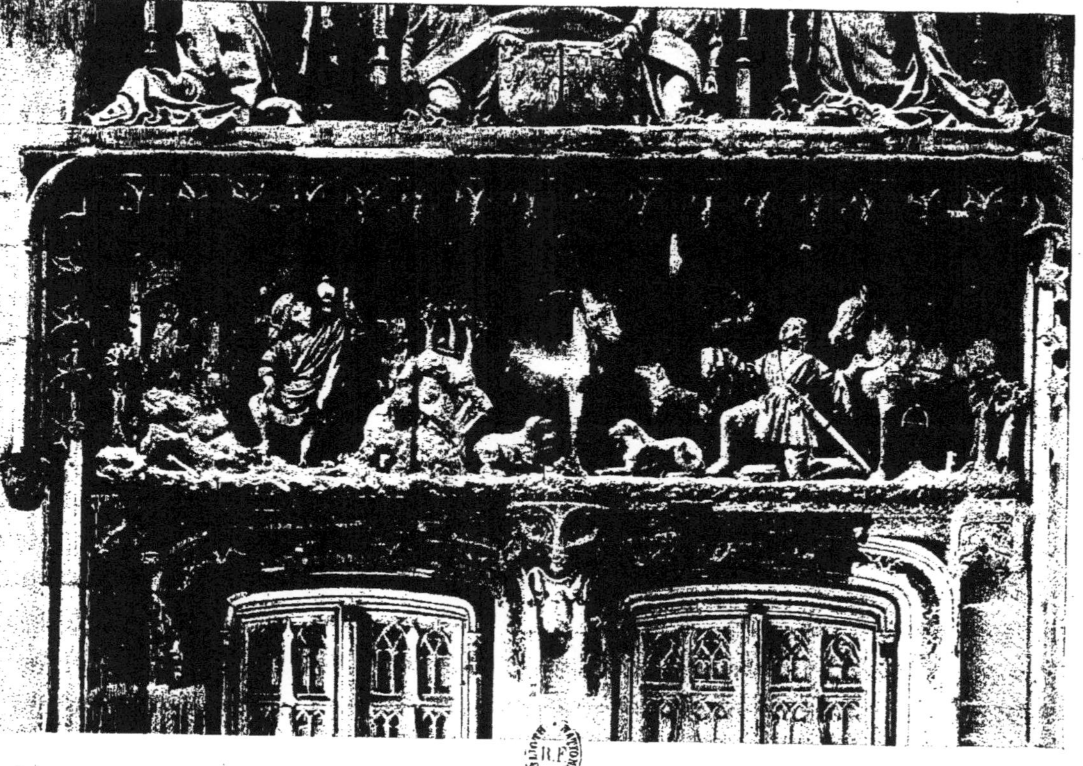

SAINT HUBERT, SAINT CHRISTOPHE ET SAINT ANTOINE

(Chapelle Saint-Blaise du château d'Amboise.)

et joyaux ; en cas de décès de l'époux, elle aura son douaire coutumier, s'il y a lieu, sinon, elle prendra 600 livres hors part sur les meubles de la communauté ; le mari, si la femme décède sans enfant, prendra sur les biens de la communauté 200 livres.

M. Bossébœuf donne la liste des douze enfants issus de cette union [1] ; nous ne mentionnerons ici que ceux qui survécurent à leur mère [2] :

1. *Marie*, baptisée en 1647. Elle épousa par contrat du 7 mars 1672, auquel signe Pierre Catinat, abbé de Saint-Julien de Tours, Pierre Chemaillé, procureur au siège présidial de Tours, fils de Pierre Chemaillé, notaire [3]. Le mariage fut célébré le lendemain à Saint-Vincent de Tours, avec dispense du temps du Carême et permission d'épouser avant l'aurore.

2. *Marie-Françoise*, baptisée en 1652, ayant pour parrain Guillaume Catinat, fils de Pierre Catinat, conseiller du Roi au Parlement de Paris. Elle se maria très jeune, en 1665 probablement, avec le sculpteur René Chéron, dont elle eut au moins onze enfants [4].

3. *Antoine*, baptisé le 10 septembre 1656, ayant pour parrain le sculpteur Joseph Van Gheluwen [5]. Antoine Charpentier, IIe du nom, fut sculpteur comme son père et épousa, en l'église Saint-

---

[1] *Réunion des Sociétés des Beaux-Arts, loc. cit.*, p. 169 et 170.

[2] Pièce justificative n° VI.

[3] *Id.*, n° IV.

[4] Nous n'avons pas retrouvé l'acte de mariage. Peut-être, du reste, est-ce plutôt Françoise Charpentier, baptisée le 12 mai 1650, qui fut l'épouse de René Chéron ? Celle-ci est, en effet, ordinairement désignée sous ce seul prénom ; toutefois son acte de sépulture (paroisse Saint-Vincent de Tours, 17 septembre 1686) l'appelle Marie-Françoise et on a ajouté en interligne le prénom de Marie dans l'acte de baptême de sa fille Renée Chéron (même paroisse, 9 septembre 1686). — Aux enfants nés de ce mariage, dont M. Bossébœuf (*Réunion des Sociétés des Beaux-Arts, loc. cit.*, p. 170-171) donne les dates de baptêmes, il faut ajouter les suivants, également baptisés à Saint-Vincent de Tours ; 1. *Françoise*, le 1er mars 1666 ; 2. *Jean*, le 14 novembre 1668 ; 3. *Pierre-François*, le 3 avril 1672 ; 4. *Jean*, le 8 septembre 1675. — Une des filles de René Chéron, *Marie*, se maria avec Simon Lescuier, maître ouvrier en soie à Tours, et une autre, *Anne*, épousa, à Notre-Dame-la-Riche de Tours, le 9 février 1705, François Tourtereau, homme de peine, fils de Jean Tourtereau, homme de peine, et de Françoise Chollet. Le 12 janvier 1706, lors du baptême, dans la même église, de François Tourtereau, leur fils, le père est dit huissier de la baronnie de Châteauneuf à Tours.

[5] Pièce justificative n° III.

Saturnin de Tours, le 22 août 1678, Marie Gorju, fille de François Gorju, maître passementier, et de Marie Taveau[1]. La succession des père et mère de Marie Gorju fut partagée, en 1706, entre leurs enfants au nombre de six; chacun d'eux eut pour sa part 1 000 livres, outre les 1 500 livres reçues précédemment par contrats de mariage. A l'acte de partage, Marie Gorju est qualifiée femme séparée de biens d'Antoine Charpentier, maître sculpteur à Tours, autorisée par justice à la poursuite de ses droits[2]; il semble résulter de ces termes que l'artiste était probablement un mauvais administrateur.

4. *Renée*, baptisée le 30 septembre 1657. Elle épousa, par contrat du 17 septembre 1677, Jean Aubert, maître ouvrier en soie[3]. Le mariage fut célébré le lendemain en l'église Saint-Vincent.

5. *Jeanne*, baptisée le dimanche 11 mai 1659. Elle se maria, en l'église Saint-Hilaire de Tours, le 18 avril 1678, avec Elie Carré, notaire, veuf[4].

6. *René*, baptisé le 23 mars 1664.

7. *Pierre-Joseph*, baptisé le 23 juin 1668.

Françoise Dubeuf, âgée de 45 ans, fut inhumée dans l'église Saint-Vincent, le 22 novembre 1673[5]. Un inventaire après décès fut dressé, le 5 décembre suivant, par le notaire Hélye[6].

Cette pièce, ainsi que les deux contrats de mariage Chemaillé et Aubert, prouve que le sculpteur Antoine Ier Charpentier était parvenu à une honnête aisance. La même preuve résulte d'un acte du 22 juin 1662 par lequel les religieux de l'abbaye de Pontlevoy[7], émus de la misère des temps et voyant mourir de faim la plupart des pauvres du pays, constituent à Charpentier une rente foncière de 100 livres, moyennant le versement par lui d'une somme de

---

[1] Pièce justificative n° VIII. — M. l'abbé Bosseboeuf, *loc. cit.*, p. 171, fait connaître trois enfants issus de ce mariage.

[2] Archives d'Indre-et-Loire, minutes Pineau, inventaire après décès de la veuve Gorju, 24 novembre 1705, et partage des successions Gorju-Taveau, 28 avril 1706.

[3] Pièce justificative n° VII.

[4] État civil de Tours.

[5] Pièce justificative n° V.

[6] *Id.*, n° VI.

[7] Pontlevoy, canton de Montrichard, arrondissement de Blois (Loir-et-Cher).

2.000 livres, qui sera employée à acheter du blé destiné à être distribué en aumônes [1].

Les œuvres certaines d'Antoine Ier Charpentier sont, dans l'ordre chronologique de leur exécution, les suivantes :

1642. *Adoration des Mages*, pour la chapelle de Notre-Dame-sous-Terre au prieuré de l'Evière à Angers (Maine-et-Loire). A cette époque, Charpentier travaille en collaboration avec Léger Plouvier et Rolland Moynard ou plutôt Moenaert [2]. Ce dernier est probablement un Flamand, qui vint s'établir à Angers, comme Charpentier à Tours.

1646. Maitre-autel de l'église, aujourd'hui détruite, de Saint-Hilaire de Tours [3].

1646 (?). *Mariage de la Vierge* pour le couvent des Minimes du Plessis-lès-Tours, sculptures conservées aujourd'hui dans l'église de Notre-Dame-la-Riche à Tours, et dont on trouvera ci-contre la reproduction [4].

1649. Autel de la chapelle de Saint-Benoît en l'église abbatiale de Saint-Serge à Angers ; cet autel était le premier dans la nef de l'église du côté de l'Épitre ; il fut exécuté moyennant la somme de 700 livres pour la sculpture et les pierres seulement [5].

1651. Maitre-autel de l'église de l'abbaye de Pontlevoy (Loir-et-Cher), avec deux bas-reliefs représentant *la Mort et l'Assomption de la Vierge* [6].

[1] Pièce justificative n° XI.

[2] *Revue d'Anjou*, 1853, t. I, p. 338 ; PORT, *Artistes angevins* (1881), p. 64, 219, 250 ; *Réunion des Sociétés des Beaux-Arts*, loc. cit., p. 173.

[3] *Premier factum de MM. de Saint-Martin*, p. 4 (1708).

[4] Charles DE GRANDMAISON, « Documents inédits sur les arts en Touraine », t. XX des *Mémoires de la Société archéologique de Touraine* (1870), p. 232 ; *Réunion des Beaux-Arts*, loc. cit., p. 173. — La date de 1646 est celle que nous avons cru lire, au-dessous de la signature d'Antoine Charpentier, qui se trouve au bas de la statue de saint Joachim ; malheureusement, la signature et la date sont très empâtées par des couches successives de peinture. Un passage de l'Inventaire des Archives des Minimes (Archives d'Indre-et-Loire, H. 693, p. 107), publié dans les *Documents inédits*, porte que « toutes les figures de la chapelle du Mariage de la Sainte Vierge, dans l'église du couvent du Plessis-lez-Tours, ont été faites par Antoine Charpentier, lorsque cette chapelle a été bâtie en 1650 ».

[5] Bibl. nat., lat. 12.696, fol. 233 v°, Mémoires chronologiques de l'établissement de la Congrégation de Saint-Maur en l'abbaye des Saints-Serge-et-Bach-lez-Angers.

[6] *Revue de Loir-et-Cher*, année 1881 ; *Réunion des Beaux-Arts*, loc. cit., p. 174-175 et planches XV et XVI.

1651-1652. Autel de la Vierge dans l'église de l'abbaye de Saint-Florent-lès-Saumur (Maine-et-Loire).

1654. Autel de la Vierge dans l'église de l'abbaye de Pontlevoy. Bien qu'aucun document ne l'affirme, cette œuvre est très probablement de Charpentier, comme le pense M. Bossebœuf[1].

1658-1660. Maître-autel de l'abbaye de Saint-Florent-lès-Saumur, payé 4000 livres[2].

1660. Rétable de l'église de Saint-Benoît-sur-Loire (Loiret), qui coûta 10000 livres et fut détruit en 1861. C'était une œuvre importante, qui fut très remarquée des contemporains et dont l'abbé Rocher a donné la description[3].

1662-1663. Statues pour le maître-autel de l'abbaye de Saint-Florent-lès-Saumur.

1663. Sculptures pour la chapelle Sainte-Anne près Tours, aujourd'hui propriété particulière, entre autres deux bas-reliefs représentant des scènes de la vie de *saint Joachim*[4].

Achèvement du maître-autel de Notre-Dame-des-Ardilliers à Saumur (Maine-et-Loire), commencé par le sculpteur angevin Biardeau, qui était décédé. Charpentier estime, le 27 janvier 1672, les travaux faits par son prédécesseur et s'engage par contrats des 29 avril 1673 et 2 août 1676 à achever la besogne. Il meurt lui-même en janvier 1677, et l'ouvrage dut être terminé par son gendre René Chéron et son fils Antoine II. Le premier donne quittance en mai 1677[5].

La présence de l'abbé de Saint-Julien de Tours au contrat de

[1] *Réunion des Beaux-Arts*, année 1907, *loc. cit.*, p. 175 et planches XVII et XVIII.

[2] Port, *op. cit.*, p. 64-66; *Réunion des Beaux-Arts, loc. cit.*, p. 175. Le texte du marché du 26 juin 1658 publié par Port est conservé dans la liasse H. 1851 des Archives de Maine-et-Loire; l'éditeur a écourté ce document en divers endroits.

[3] Abbé Rocher, *Histoire de l'abbaye de Saint-Benoît-sur-Loire* (Orléans, 1865), p. 521-523; Lami, *Dictionnaire des sculpteurs de l'Ecole française du moyen âge au règne de Louis XIV* (Paris, 1898), p. 118; cf. aussi dom Chazal, ms. de la Bibliothèque d'Orléans, n° 490. — Cette œuvre n'est pas signalée dans l'article publié sur Charpentier, *Réunion des Beaux-Arts*, année 1907.

[4] Giraudet, « Artistes tourangeaux », t. XXXIII des *Mémoires de la Société archéologique de Touraine* (1885), p. 63-64; *Réunion des Beaux-Arts, loc. cit.*, p. 176-177 et planches XIX, XX et XXI.

[5] Charles de Grandmaison, *op. cit.*, p. 232-233; Port, *op. cit.*, p. 66; *Réunion des Beaux-Arts, loc. cit.*, p. 177-178

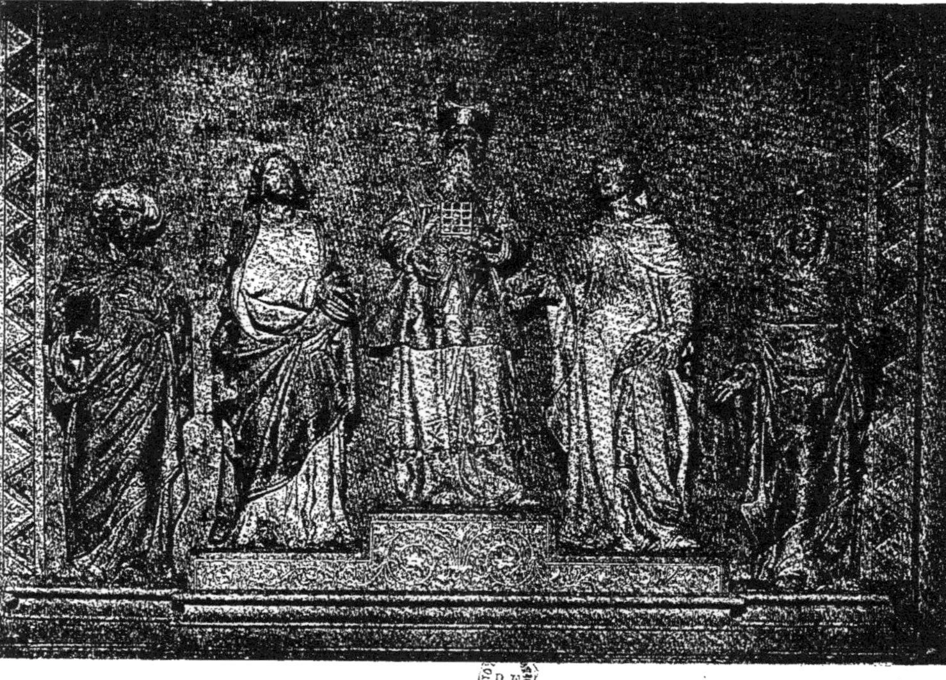

MARIAGE DE LA VIERGE

PAR ANTOINE 1er CHARPENTIER

(Église de Notre-Dame-la-Riche, à Tours.)

mariage d'une des filles de l'artiste, en 1672[1], permet de supposer
que Charpentier travailla pour cette abbaye. Par ailleurs, Port
qui a relevé dans les registres baptistaires de Fontevrault (Maine-
et-Loire) la signature de l'artiste en 1676, pense qu'il s'y
était rendu pour quelque entreprise[2]. Enfin, on peut croire qu'il
fut également chargé de travaux par les religieux de Château-
Thierry en Champagne ; en effet, l'inventaire après décès de sa
femme mentionne une promesse, en date du 20 juillet 1672, de
la somme de 150 livres due par ces religieux[3].

Il est plus prudent, en attendant qu'elles reposent sur des documents certains, de laisser de côté ces hypothèses, ainsi que celles
qui ont été faites ou qui pourraient l'être. Telle qu'elle est, la liste
ci-dessus comprend douze œuvres de Charpentier, parmi lesquelles
quatre n'avaient pas encore été signalées. Des deux premières en
date de ces œuvres nouvelles, le maître-autel de Saint-Hilaire de
Tours et l'autel de Saint-Benoît à Saint-Serge d'Angers, on ne con-
naît que des brèves mentions. On possède, au contraire, le texte
complet du marché passé le 15 avril 1651 entre les religieux de
Saint-Florent et Charpentier. Nous en devons la copie à l'obligeance de notre confrère et ami M. Planchenault, que nous
remercions bien vivement[4]. L'artiste s'engage à construire dans la
chapelle de la Vierge de l'église de Saint-Florent un autel que
l'acte décrit en détail. Ce monument comporte notamment six
colonnes en marbre noir de Sablé et cinq figures : une statue de *la
Vierge portant l'Enfant Jésus* et quatre anges. Ces statues devront
être peintes ; l'artiste fournira tous les matériaux, notamment les
pierres de la Rajace, dont sera construit l'autel ; il recevra 850 livres, plus une buse de vin blanc, sera logé et devra employer au
moins quatre hommes à ce travail jusqu'à son achèvement. Le
chantier devait s'ouvrir le 8 septembre 1651 ; une quittance du
18 juin 1652 constate qu'à cette date l'œuvre est achevée, reçue
et soldée. Les moines de Saint-Florent furent satisfaits de Charpentier, puisque quelques années après, en 1658, ils lui confièrent
une besogne plus importante, la construction du maître-autel

[1] Pièce justificative n° IV.
[2] *Op. cit.*, p. 65-66.
[3] Pièce justificative n° VI.
[4] *Id.*, n° X.

de leur église. Les pièces relatives à ce second contrat ont été
publiées ou analysées par Célestin Port. La réception des travaux
eut lieu en 1660, mais, dans la suite, les religieux voulurent probablement embellir cet autel et commandèrent des statues par un
nouveau marché fait pour la somme de 800 livres; on ne possède pas cet acte, mais seulement la quittance finale de l'artiste en
date du 30 mai 1663 [1], c'est cette pièce très courte qui nous
apprend que pour la troisième fois le sculpteur tourangeau avait
été appelé à Saint-Florent.

Signalons enfin, en terminant, un acte du 28 décembre 1646,
intéressant particulièrement Antoine Ier Charpentier; c'est une
sorte de contrat d'apprentissage passé entre lui et un architecte
nommé Guillaume Sauvé. Ce dernier promet d'habiter chez Charpentier et de le servir pendant l'espace de quinze mois en son métier d'architecte et de sculpteur; il sera logé, nourri, éclairé et
blanchi par son patron, qui s'engage à achever de lui apprendre le
susdit métier et à lui donner en outre 30 livres tournois pour ses
services [2].

II. JOSEPH VAN GHELUWEN, DIT VANGUEILLE. — Le nom de cet
artiste flamand établi en Touraine a été étrangement défiguré tant
par ses contemporains que par les érudits qui l'ont déjà rencontré [3].
Il semble même certain que, tandis qu'il continuait à signer Van
Gheluwen, on le désignait ordinairement, dans sa patrie d'adop-
tion, sous le nom de Vangueille, nom que, du reste, son fils Léger
adopta exclusivement, même pour sa signature [4].

L'acte de son mariage, en date du 10 août 1654, le dit fils de
Guillaume Van Gheluwen et de défunte Catherine Moynard; cette
dernière était probablement parente du sculpteur Rolland Moe-

<hr>

[1] Pièce justificative n° XII.

[2] *Id.*, n° IX.

[3] On trouve son nom écrit ou lu sous les diverses formes suivantes : Van
Gheluuen, Vangheluen, Vangheluvlen, Vuangheluen, Vanguelz, Vanguelmin,
Vanghelumon, Vaughelmod, Vaugehelmod, Vanghelmod, Vanghelmer, etc.
— La forme véritable de ce nom, assez répandu à Bruges et dans les environs,
est Van Gheluwe ou Van Gheluwen. — Quant à un certain Pierre Vaughelmod,
sculpteur, dont il est question, t. XIII, p. 485, du *Bulletin de la Société archéologique de la Touraine*, il n'a jamais existé ; il y a dans l'article du *Bulletin*
une confusion inexplicable entre deux personnages distincts.

[4] Voir ci-après ce qui est dit de Léger, ainsi que diverses pièces justificatives, notamment n° VII, XX, XXI et XXII *(in fine)*.

naert ou Moynard, qu'on a vu plus haut travailler à Angers avec Antoine Charpentier et Léger Plouvier en 1642. C'est à Saint-Saturnin de Tours qu'il épousa Marie Leduc, fille de Jean Leduc, maître-horloger, et de Marie Dubeuf[1]. Parmi les signataires de l'acte se trouve Antoine Ier Charpentier, qui, par sa femme Françoise Dubeuf, était oncle de l'épouse[2]. Peut-être la famille Dubeuf était-elle également apparentée, ou plutôt alliée, avec celle des fondeurs tourangeaux les Hammonet ? En effet, en 1654, le fondeur Jean Hammonet est parrain d'Antoinette Charpentier, fille d'Antoine[3], et, en 1656, Marie Leduc, épouse de Joseph Van Gheluwen, est marraine d'une fille de ce fondeur et de sa femme Charlotte Porcher[4].

Du mariage de Joseph Van Gheluwen naquirent au moins sept enfants :

1. *Léger*, baptisé le 29 août 1656, ayant pour parrain Léger Plouvier, architecte et sculpteur de la paroisse Saint-Martin d'Angers.

2. *Pierre*, baptisé le 11 janvier 1658 et inhumé le 13.

3. *Joseph*, né le 24 avril 1659 et baptisé le 13 mai.

4. *François*, baptisé le 1er juin 1660, ayant pour marraine Françoise Dubeuf, femme d'Antoine Charpentier.

5. *Jean*, baptisé le 15 mars 1664, ayant pour parrain Jean Verdais, architecte, demeurant alors en la paroisse de Sainte-Radegonde près Tours.

6. *Charles*, baptisé le 25 avril 1666.

7. *Angélique-Françoise*, baptisée le 24 mai 1669[5].

Cette dernière a pour parrain son frère aîné Léger, qui signe l'acte : Léger Vangueille. Léger est, du reste, le seul de tous les enfants énumérés ci-dessus dont nous connaissions le sort. Il entra dans les ordres et, étant diacre, assista le 27 janvier 1684 à la bénédiction d'une cloche de l'église Saint-Étienne de Tours. A

---

[1] Pièce justificative n° XII.

[2] Jean Leduc est dit beau-frère de la femme d'Antoine Charpentier. Pièce justificative. n° II.

[3] Bossebœuf, dans *Réunion des Beaux-Arts*, année 1907, *loc. cit.*, p. 170.

[4] Pièce justificative n° XIV. — On trouve Jean Hammonet ou Aymonnet, maître fondeur, témoin, en qualité d'ami de l'époux, au contrat de mariage d'Antoine Ier Charpentier (Pièce justificative n° II).

[5] Voir ces différents actes d'état civil, Pièces justificatives n° XV à XXI.

la même époque, on le rencontre, comme témoin à divers actes, dans les registres de cette paroisse ; en 1685 et les années suivantes, il signe plusieurs fois ces mêmes registres en qualité de prêtre-sacristain ou prêtre-sacriste de cette église [1].

Les travaux que nous connaissons de Joseph Van Gheluwen sont les suivants :

1652. Collaboration probable à l'autel de la Vierge construit par Charpentier dans l'église de Saint-Florent de Saumur. Il semble bien, en effet, qu'il fut un des témoins de la quittance du 18 juin 1652 [2] ; on est donc en droit d'en conclure qu'il était un des quatre ouvriers que Charpentier avait promis d'amener avec lui pour ce travail.

1671. Par marché passé, le 13 mars 1671, avec le curé et les habitants de Saint-Étienne de Tours, il s'engage à faire trois statues de pierre pour la dite église représentant *le Sauveur*, *saint Étienne* et *saint Laurent* pour le prix de 200 livres tournois. L'artiste spécifie dans l'acte que, s'il consent à faire ce travail pour une somme aussi modique, c'est uniquement parce qu'il habite la paroisse. Il y eut dans la suite certaines difficultés, car Van Gheluwen fit assigner les fabriciers en décembre 1672 [3].

1671. Par marché du 26 décembre 1671, il est chargé de sculpter les armes de feu le maréchal d'Effiat aux frontons des portiques de l'écurie et de l'orangerie du château de Véretz [4], ainsi que deux trophées d'armes sur les pilastres du grand portail d'entrée de ce château, etc., le tout pour la somme de 200 livres.

1672. Le 13 juin de cette année, l'abbé d'Effiat lui commande divers travaux de sculpture à Véretz, notamment la décoration de la fontaine de la place, pour le prix de 180 livres.

1676. Enfin, par un troisième marché du 28 octobre 1676, il s'engage à sculpter *deux esclaves* de 5 pieds de haut et une *Vénus avec ses enfants;* ces statues étaient destinées à être placées dans les niches du mur de la petite terrasse du château de Véretz [5].

[1] Cf. État civil de Tours, paroisse Saint-Étienne.
[2] Pièce justificative n° X.
[3] *Id.*, n° XXII.
[4] Véretz, canton de Tours-sud, arrondissement de Tours (Indre-et-Loire).
[5] Pour les travaux exécutés au château de Véretz, cf. L. Bosseboeuf, *le Château de Véretz* (Tours, 1903).

1677. «Le célèbre artiste Vangueil », lit-on au tome XIV de la collection dom Housseau, décore d'une « belle » sculpture, qui représente la *Descente de Croix*, l'autel de Notre-Dame-de-Pitié dans l'église Notre-Dame de la petite ville de la Haye [1].

1681. Le 17 décembre 1681, Joseph Van Gheluwen, maître-sculpteur et architecte demeurant à Tours, passe marché avec le curé de Notre-Dame de Fontenay-le-Comte [2] pour la construction du maître autel de cette église, moyennant la somme de 3 800 livres. Il s'agit, en effet, d'une œuvre considérable : sur le premier corps du rétable, il y aura huit colonnes de marbre noir de neuf pieds de hauteur avec entablement, le tout suivant l'ordre corinthien ; dans l'attique seront placées quatre autres colonnes de marbre noir ou rouge, au choix du curé, de six pieds de hauteur, avec l'image de *la Vierge* et les autres figures et ornements portés au dessin, qui n'a pas été conservé ; dans le premier corps, on mettra un tableau de l'*Assomption*, en peinture ou sculpture, également au choix du curé, avec deux bas-reliefs de chaque côté, les figures des quatre évangélistes entre les colonnes et deux anges sur le fronton. En outre, l'artiste devra faire un tabernacle, dont seront dorées telles parties qu'il conviendra et dont les colonnes, pilastres et plaques seront en marbre rouge ; un bas-relief sera sculpté sur la porte du tabernacle [3]. Ce maître-autel subsiste et c'est la seule œuvre sortie des mains de Van Gheluwen que nous possédions. Nous aurons prochainement l'occasion d'en reparler.

Jean Servant, curé de La Merlatière [4], fait marché, le 28 janvier 1686, avec « Joseph Vaughelade », maître-sculpteur originaire de Tours, habitant Mareuil-en-Bas-Poitou [5], pour la façon d'un autel en pierre des Charentes provenant des carrières de

---

[1] Charles DE GRANDMAISON, *Documents inédits sur les arts en Touraine*, p. 234-235. — La Haye, aujourd'hui La Haye-Descartes, chef-lieu de canton de l'arrondissement de Loches (Indre-et-Loire).

[2] Chef-lieu d'arrondissement (Vendée).

[3] A. DE M[ONTAIGLON], « Joseph Van Ghelunen *(sic)*. sculpteur et architecte », dans *Nouvelles Archives de l'art français*, 1872, t. I, p. 282-283, d'après un marché appartenant alors à Benjamin Fillon et qui fait partie aujourd'hui des Archives municipales de Fontenay-le-Comte.

[4] La Merlatière, canton des Essarts, arrondissement de La Roche-sur-Yon (Vendée).

[5] Mareuil-sur-Lay, chef-lieu de canton, arrondissement de La Roche-sur-Yon (Vendée).

Crazannes[1], moyennant le prix de 400 livres. L'autel devra être surmonté des statues de *saint Étienne* et de *saint Jean l'Évangéliste*, de deux pieds et demi de hauteur. Entre ces statues, un *Baptême de saint Jean*, à leurs pieds, deux chérubins et, surmontant le tout, un *Père Éternel* entouré de nuages. Pour des motifs que nous ignorons, le marché ne fut pas exécuté[2]. Faut-il reconnaître dans Joseph Vaughelade une mauvaise transcription du nom de Joseph Van Gheluwen? Cela est possible, car on ne trouve à Tours au dix-septième siècle aucune trace d'une famille Vaughelade[3].

Peut-être l'artiste travailla-t-il également pour l'église de Ternay en Vendômois[4]? Le curé de cette paroisse fut en effet parrain d'un de ses enfants en 1659[5].

Que devint Joseph Van Gheluwen? Nous n'avons pu jusqu'à présent trouver à ce sujet aucun renseignement. Peut-être avait-il abandonné Tours et s'était-il établi définitivement à Mareuil?

III. JEAN QUÉLIN. — Les documents que nous possédons sur ce sculpteur sont peu nombreux et se bornent à quelques actes d'état civil[6].

Le 29 juillet 1675, Jean Quelin, sculpteur, fils de Christophe Quelin, vivant imprimeur et libraire en la ville d'Anvers, et d'Éli-

---

[1] Crazannes, canton de Saint-Porchaire, arrondissement de Saintes (Charente-Inférieure).

[2] P. RAMBAUD, « Les Sculpteurs poitevins au dix-septième siècle », dans *Congrès archéologique de France, LXX⁰ session tenue à Poitiers en 1903*, p. 357-359.

[3] M. Rambaud, malgré sa très grande obligeance, n'a pu retrouver, dans un fonds non classé des Archives de la Vienne, le document qu'il avait analysé. Il semble, d'après la communication de M. Rambaud, que le marché n'y était pas conservé en original, mais s'y trouvait transcrit dans une pièce de procédure postérieure de quelques années; or, les huissiers et les procureurs en ont pris fort à leur aise avec le nom de ce sculpteur (voir notamment Pièce justificative n° XXII). Il y a toutefois lieu de remarquer qu'une famille Vaughelade ou Vaugelade existait en Poitou (voir DE ROUX, « La Révolution à Poitiers et dans la Vienne », dans *Mémoires de la Société des Antiquaires de l'Ouest*, 3⁰ série, t. IV).

[4] Ternay, canton de Montoire, arrondissement de Vendôme (Loir-et-Cher).

[5] Pièce justificative n° XVII.

[6] Le nom de cet artiste n'a encore été, croyons-nous, cité qu'une seule fois (*Bulletin de la Société archéologique de Touraine*, t. XIII, p. 485), mais avec une double erreur; on appelle sa femme Suzanne Letard et on reporte la date de son mariage antérieurement au mois de septembre 1673.

sabeth Ventes, épouse, à Tours, Suzanne Latare, fille de Pierre Latare, officier de la Monnaie de Tours, maître-peintre et vitrier, et de Suzanne Moreau. A ce mariage assistent le peintre Pierre Sueiro et Jean Lecas, maître-menuisier [1].

On trouve, dans les registres de l'état civil de Tours, les baptêmes de trois enfants nés de cette union :

1. *Michel-Jean-Joseph*, baptisé le 29 septembre 1681 ; il a pour parrain Gabriel Tachereau, fils d'un conseiller du Roi et avocat du Roi au siège présidial de Tours, et pour marraine Marguerite Fouquet, fille d'un conseiller du Roi et trésorier au bureau des finances de cette ville.

2. *Pierre-Augustin*, baptisé le 13 avril 1683 et inhumé le 4 septembre 1687.

3. *Jean*, baptisé le 11 avril 1687 [2].

Avec le peintre Pierre Sueiro et le sculpteur Henri Hammerbect, Jean Quelin assiste, en 1679, au mariage de sa belle-sœur, Marie-Anne Latare [3] ; en 1682, il est parrain d'un fils du même Sueiro et de Marie Chotard [4].

Le nom de Quelin ou Quellin rappelle celui d'une dynastie célèbre de peintres, graveurs et sculpteurs anversois, mais il ne paraît pas possible, du moins pour le moment, de rattacher d'une façon certaine à cette famille Christophe Quelin, père de Jean [5].

IV. HENRI HAMMERBECT. — Quant au dernier artiste dont nous ayons à nous occuper, nous ignorons son origine exacte, mais son nom permet sans aucun doute de reconnaître en lui un Flamand [6].

[1] Pièce justificative n° XXIII.

[2] *Id.*, n°⁵ XXIV à XXVI.

[3] État civil de Tours, paroisse de Saint-Saturnin, 20 janvier 1679.

[4] État civil de Tours, paroisse de Notre-Dame-de-l'Écrignole, 18 mai 1682.

[5] M. Fernand Donnet, l'éminent secrétaire de l'Académie royale d'Archéologie de Belgique, qui a bien voulu faire à Anvers des recherches sur Christophe Quelin, n'a trouvé aucun document permettant de le rattacher à cette famille. Bien plus, il n'a rencontré aucune trace de cet imprimeur-libraire dans les archives très bien conservées de la Gilde de Saint-Luc, non plus que dans les nombreux renseignements sur les imprimeurs anversois réunis au Musée Plantin. Peut-être faut-il admettre que Jean Quelin était fils d'un simple ouvrier imprimeur qu'il a fait désigner sous la qualification d'imprimeur-libraire dans son acte de mariage?

[6] Un menuisier du même nom, Guérard ou Quérard Hammerbeck, travaillait à Blois en 1643 (L. BOSSEBŒUF, « Documents sur les arts en Blésois », dans

H. Hammerbect ou Hammerbeck est parfois désigné comme maître-menuisier et sculpteur, titre auquel, ainsi qu'on le verra plus loin, il avait parfaitement droit ; souvent, cependant, il reçoit seulement la qualification plus modeste de maître-menuisier.

De son mariage avec Renée Forest, il eut au moins cinq enfants :

1. *Renée*, baptisée le 21 juillet 1658[1].

2. *Marie*, baptisée le 8 novembre 1659[2] ; elle épousa, le 11 août 1681, Mathurin Trahan, marchand[3] ; déjà veuve en novembre 1690[4], elle mourut le 17 juillet 1710[5].

3. *Henri*, baptisé le 8 mars 1662, ayant pour marraine Suzanne Moreau, femme de Pierre Latare, maître-peintre et vitrier, belle-mère du sculpteur Jean Quélin[6].

4. *Jean*, baptisé le 1er octobre 1663[7]. Il devint avocat en Parlement et bailli de la justice de Thuisseau-Montlouis[8]. Ses père et mère lui firent, en mars 1689, une donation en avancement d'hoirie[9]. Il mourut entre le 31 mars et le 21 novembre 1690[10].

5. *Madeleine*, baptisée le 25 avril 1672 et inhumée le 16 septembre suivant[11].

Réunion des Sociétés des Beaux-Arts des départements, année 1909, p. 65, VIAL, MARCEL et GIRODIE, *les Artistes décorateurs du bois*, t. I, p. 238).

[1] Pièce justificative n° XXVII.

[2] *Id.*, n° XXVIII.

[3] *Id.*, n° XXXII.

[4] *Id.*, n° XXXIV.

[5] *Id.*, n° XXXVI.

[6] *Id.*, n° XXIX.

[7] *Id.*, n° XXX.

[8] Il est ainsi qualifié dans un acte passé devant Florent Morin, notaire à Tours, le 4 septembre 1688 (Archives d'Indre-et-Loire, minutes Morin) ; c'est le contrat de mariage d'Étienne Milet, vigneron, demeurant au village du Cormier, paroisse de Montlouis, avec Madeleine Imbert, servante domestique du sieur Henri Hammerbect, maître sculpteur. L'épouse apporte 200 livres des gains et épargnes qu'elle a faits en la maison dudit sieur Hammerbect, plus son lit garni estimé 40 livres. — Montlouis, canton de Tours-sud, arrondissement de Tours. Thuisseau, commune de Montlouis. La châtellenie de Thuisseau-Montlouis fut érigée en janvier 1524, n. st , en faveur de Philibert Babou, par la réunion des fiefs de Montlouis, Thuisseau, le Tertre, etc. (CARRÉ DE BUSSEROLLE, *Dictionnaire d'Indre-et-Loire*, t. IV, p. 315, et t. VI, p. 138 ; *Catalogue des actes de François Ier*, t. I, n° 1975.)

[9] Pièce justificative n° XXXIII.

[10] *Id.*, n° XXXIV.

[11] *Id.*, n° XXXI.

Renée Forest mourut le 31 mars 1690[1] ; en novembre de cette année, de tous ses enfants, seule sa fille Marie, alors veuve de Mathurin Trahan, lui survivait.

Quant au sculpteur Henri Hammerbect, il décéda à Tours et fut inhumé, dans l'église de Notre-Dame-de-l'Écrignole, le 16 mars 1701. Son acte de sépulture le qualifie bourgeois[2].

Nous connaissons quelques travaux exécutés par Henri Hammerbect, malheureusement ils paraissent tous être détruits.

1668. Tabernacle doré pour l'église Saint-Hilaire de Tours, fait par les soins de M. Soubmain, prieur. Il coûta 600 livres et était l'œuvre, dit un document du commencement du dix-huitième siècle, de « Hamerbecque, excellent sculpteur[3] ». Le prix indiqué permet de supposer qu'il ne s'agit pas seulement du tabernacle, mais encore de l'autel. La qualification d'*excellent sculpteur* donnée à l'artiste, quelques années après sa mort, prouve qu'il eut une certaine réputation.

1668. Le 17 octobre de cette même année, Hammerbect s'engagea envers Maurice Pierre, ci-devant curé de la paroisse Sainte-Croix de Tours, à sculpter pour cette église six statues : trois en bois représentant la *Madeleine*, la *Vierge* et *saint Jean*, trois autres en pierre des *saints Maurice, Pierre* et *Paul*. Chaque figure aura cinq pieds de haut et sera peinte ainsi qu'il conviendra. Le tout devra être mis en place pour la fête de Pâques et sera payé 250 livres[4]. Le sculpteur ne tint pas ses engagements, et, le 5 février 1671, les statues n'étaient pas encore exécutées ; Hammerbect fit, en effet, à cette date une convention avec un autre maître-menuisier et sculpteur de Tours, Jean Crucher ou Cruché[5], qui accepta de se charger du travail et promit de l'achever en six mois pour la somme de 300 livres[6].

---

[1] Pièce justificative n° XXXIV.

[2] *Id.*, n° XXXV.

[3] *Premier factum de MM. de Saint-Martin*, p. 4 (1708).

[4] Pièce justificative n° XXXVIII.

[5] Jean Crucher appartenait à une famille de maîtres menuisiers de Tours, dont nous avons déjà parlé (*le Sculpteur Louis Crucher*, dans *Bulletin de la Société archéologique de Touraine*, t. XV, p. 46-48) et sur laquelle nous reviendrons. Il avait épousé Françoise Guillochon, dont il eut plusieurs enfants. Ce doit être lui « M. Cruché, maître menuisier » qui est inhumé à Saint-Pierre-du-Boile, le 7 janvier 1691 (État civil de Tours).

[6] Archives d'Indre-et-Loire, minute du notaire Massonneau, année 1671. —

1674. Par marché du 31 octobre, Hammerbect s'engagea, envers les procureurs-fabriciers de Saint-Saturnin de Tours, à refaire les bancs de cette église [1].

1674. Par un autre marché du 30 novembre, l'abbé d'Effiat commanda à Henri Hammerbect d'importants travaux au château de Véretz, « à son cabinet estant proche la tour de la grande allée du parc [2] ».

1677. Le 2 juillet de cette année, l'abbesse de Beaumont-lès-Tours, Anne-Berthe de Béthune [3], fit marché avec Hammerbect pour la construction, dans l'église abbatiale, d'un « trône » en bois de chêne faisant toute la largeur de l'église qui a 32 pieds. Ce travail est décrit au contrat dans tous ses détails ; outre la part très considérable que le sculpteur tourangeau devait faire, ou faire faire par qui il jugera bon, l'œuvre comportait une statue de *la Vierge*, deux autres statues de *saint Joseph* et de *saint Jean* et trois bas-reliefs qu'il s'engageait à confier aux sculpteurs de Paris Baptiste et Girardon [4], ou à l'un d'eux à son choix. Hammerbect recevra pour le tout 3.000 livres, dont 1.000 livres lui seront payées dès que les figures spécifiées ci-dessus seront faites à Paris, et le surplus quand le travail sera terminé [5]. Le règlement ne se fit pas sans difficultés : en 1689, il était encore dû 300 livres au sculpteur [6] et, l'année suivante, l'artiste était en procès avec les religieuses [7].

1682-1683. Hammerbect fut également employé, avec l'archi-

Tandis que l'acte d'octobre 1668 (Pièce justificative n° XXXVIII) indique comme prix 250 livres, celui de février 1671 spécifie que le nouveau marché est fait aux mêmes conditions que le précédent et « au mesme prix de trois cents livres y référé ».

[1] Archives d'Indre-et-Loire, G. 1024, p. 73.

[2] Voir une analyse de ce marché dans : Abbé L. BOSSEBŒUF, *le Château de Véretz*, p. 513.

[3] Sur cette abbesse, on peut consulter : Chanoine H. BOISSONNOT, *la Lydwine de Touraine, Anne-Berthe de Béthune, abbesse de Beaumont-lez-Tours, 1637-1689, étude mystique* (Tours, A. Mame et fils, et Paris, V. Lecoffre, 1912).

[4] Baptiste Monnoyer ou Monnoyé le père, dit Baptiste (1634-1699) ; François Girardon (1628-1715).

[5] Pièce justificative n° XXXIX. — Un premier marché, moins important, avait été passé entre l'abbesse de Beaumont et Hammerbect, le 19 juin 1677. Voir la note, qui sera prochainement publiée, sur les travaux que fit faire à Beaumont Anne-Berthe de Béthune.

[6] *Id.*, n° XXXIII.

[7] *Id.*, n° XXXIV.

tecte Chevreux ou Chevereux, à la décoration de l'église de
Baugé [1]. Il fournit notamment le tabernacle et le maître-autel, qui
lui sont payés 500 livres, plus 100 livres pour l'indemnité de ses
voyages [2].

Ce menuisier-sculpteur avait acquis une fortune assez considérable, ainsi que le prouvent notamment l'acte de donation qu'il
fait à son fils [3] et la transaction passée entre lui et sa fille au sujet
de la succession de Renée Forest, sa femme [4]. Il s'était créé une
situation importante, que constate le curé dans l'acte de sépulture
en lui décernant, comme nous l'avons dit, le titre de bourgeois.
On rencontre souvent son nom dans les minutes notariales; on
peut citer notamment les actes suivants : un état de lieux du
8 janvier 1665 qui le qualifie marchand maître-menuisier et con-
cierge du Jeu royal de l'Arbalète, affermé par lui pour 19 ans [5];
de nombreuses pièces concernant un corps de logis, situé à Tours,
rue de la Galère [6], sur lequel Catherine Malvau, veuve de Jacques
Richer, maître-fourbisseur d'épées, avait consenti en sa faveur un
contrat pignoratif au taux de 10 % [7].

* *
*

Cette note établit d'une façon certaine deux infiltrations fla-
mandes dans la sculpture tourangelle : l'une, à la fin du quinzième
siècle, à Amboise, où elle avait déjà été signalée d'après le caractère des œuvres qu'elle avait produites; l'autre, dont jusqu'à présent on avait complètement ignoré l'existence, à Tours vers 1640.
La première a dû rayonner au dehors, car nous avons démontré
ailleurs [8] la grande influence que le chantier d'Amboise, le plus

---

[1] Chef-lieu d'arrondissement, Maine-et-Loire.

[2] Port, *Artistes angevins*, p. 146. Dans ce livre le sculpteur est appelé Henri
Hammenbut, de Tours. Il s'agit bien certainement de Henri Hammerbect, aucun
sculpteur du nom de Henri Hammenbut n'existant à cette époque à Tours.

[3] Pièce justificative n° XXXIII.

[4] *Id.*, n° XXXIV.

[5] *Id.*, n° XXXVII.

[6] Partie de la rue Marceau actuelle, comprise entre la rue du Commerce et
la rue des Halles.

[7] Archives d'Indre-et-Loire, minutes Jean Jouye, 17 mars 1667, 12 juin 1669;
minutes Mézières, 28 avril 1672, 3 janvier 1673.

[8] *Compte de la construction du château royal d'Amboise, 1495-1496.*

considérable peut-être de la fin du quinzième siècle, eut sur toutes les constructions du début du seizième. Quant à la seconde, on peut constater, documents en mains, que les artistes établis à Tours ont travaillé non seulement en Touraine, mais encore dans l'Anjou, le Poitou et le Blésois.

Cette note, accompagnée des pièces justificatives, a été publiée dans le volume de **1913** des *Réunions des Sociétés des Beaux-Arts des départements*, pages **3** à **54**.

9 782019 922306